Made in the USA
Las Vegas, NV
20 June 2024

91266312R00069